JN437171

당당한 영랑생가

을미년 정월 초하룻날 운명하신 어머님의 영전에 이 시집을 바친다.

ⓒ 박주익

영랑생가 돌담

당당한 영랑생가

김재석 시집

문학들

시인의 말

비 오는 날 영랑생가에 다녀와
「비 내리는 영랑생가」와
「영랑생가에 내리는 비」
두 편의 시를 낳았다
두 편의 시를 낳은 뒤
'영랑생가' 와 '강진시문학파기념관' 을 한데 묶으면
한 권의 시집이 될 수 있다는 생각이 들어
만용을 부린 것이 이 시집이다
1부는 영랑생가 본채,
2부는 영랑생가 사랑채,
3부는 시문학파,
4부는 강진만, 백련사, 다산 유배지,
어머님이 살고 있는
'마당 좁은 집' 관련 시들이다
1부, 2부의 시들을
좀 더 오래 숙성시키지 못한 건
병상의 어머니가
먼 길 떠나기 전에
이 시집을 손에 쥐어 주고 싶어서였다

2015년 봄
김재석

차례

5 시인의 말

제1부

12 당당한 영랑생가
14 비 내리는 영랑생가
16 영랑생가에 내리는 비
18 담장 옆 샘
20 대밭
22 대밭 언덕의 동백나무
24 어진 살구나무
26 능소화
28 모란 옆에서
30 탑골 맨 꼭대기 집
32 은행나무 두 그루
34 마루 밑 요강 두 개
37 꽃무릇
38 마루 밑 다듬잇돌
40 헛간
42 동백나무 오형제
44 지혜 있는 동백나무
46 직박구리 시인

48 장꽝
50 안방 부엌

제2부

52 돌담
54 은행나무
56 사랑채 앞 배롱나무의 눈빛 전언
58 담장 밖 돈나무
60 사랑채 주련
62 사랑채 유자나무
64 담쟁이
66 외양간
68 흑백사진
72 비탈에 선 감나무

제3부

74 시문학파 구단
76 永郎 金允植
78 玄鳩 金玄耉

80 夕汀 辛錫正
82 爲堂 鄭寅普
84 樹州 卞營魯
86 蓮圃 異河潤
88 龍兒 朴龍喆
90 鄭芝溶
92 許保
94 시문학파

제4부

98 강진
101 강진에서
103 달과 기러기 떼
104 강진은 동작 하나 빠르다
106 사의재에게 아학편을 떼야겠다
108 보은산방에 기대어
110 우기, 보은산 뻐꾹새
112 자화상
114 벽시계에 대한 몇 개의 단상
118 봉함엽서
121 묵은 눈

122 왜 너희들만 왔니
124 죽섬
128 가우도는 야간비행을 한다
130 백련사 주지 스님에게 보내는 편지
135 백련사 명부전 앞마당의 모과나무
136 무문관 일박
138 겨울 편지
140 다산초당 가는 길
142 비래도
143 까막섬

제1부

© 박주익

모란이 피기까지는 시비

당당한 영랑생가

– 序詩

영랑생가는 당당하다

創氏改名 안 한 것, 하나만으로도
대구형무소에 수감된 것, 하나만으로도
공보실에 한복 입고 출근한 것, 하나만으로도
부친의 비석에 조선인
상석에 태극을 새긴 것, 하나만으로도

영랑생가는 당당하다

내 마을을 아실 이, 하나만으로도
모란이 피기까지는, 하나만으로도
돌담에 속삭이는 햇발같이, 하나만으로도
물 보면 흐르고 별 보면 또렷한, 하나만으로도

영랑생가는 당당하다

울어 피를 뱉고 뱉은 피 도로 삼켜, 하나만으로도

내 가슴에 독을 찬 지 오래로다, 하나만으로도
큰칼 쓰고 옥에 든 춘향이는, 하나만으로도
검은 벽에 기대선 채로, 하나만으로도

영랑생가는 당당하다

백범을 만난 것, 하나만으로도
위당을 만난 것, 하나만으로도
몽양을 만난 것, 하나만으로도
박열을 만난 것, 하나만으로도

* 울어 피를 뱉고 뱉은 피 도로 삼켜(「두견」 첫 행), 내 가슴에 독을 찬 지 오래로다(「독을 차고」 첫 행), 큰칼 쓰고 옥에 든 춘향이는(「춘향」 첫 행), 검은 벽에 기대선 채로(「거문고」 첫 행).

비 내리는 영랑생가

주룩주룩,
누군가가 영사기를 돌리는
영랑생가는
야외극장이다

상영 중인
영화,
'내 마음의 어딘 듯
한편에 끝없는 강물이 흐르네'

이미 상영한
영화,
'모란이 피기까지는'

개봉박두인
영화,
'오-매 단풍 들것네'

관객은
사랑채 마루에 앉아
주룩주룩,
필름 돌아가는 소리에
귀 기울이는 나

물 보면 흐르고 별 보면 또렷한
영랑생가는
야외극장이다

* 영랑의 시를 차용하였다.

영랑생가에 내리는 비

마르코 폴로의 『동방견문록』이
무색치 않게
황금옷을 입은
영랑생가에 내리는 비는
원고지다

마루에 앉아
빗줄기, 세로 원고지에
내 눈빛이
영랑의 시를 뉘 나도록 필사한다

모란이 피기까지는,
물 보면 흐르고 별 보면 또렷한,
돌담에 속삭이는 햇살같이,
동백잎에 빛나는 마음을

빗속 시심에 젖은
은행나무가

살구나무가
감나무가
동백나무가 나를 일제히 바라본다

담장 옆 샘

– 영랑생가

영랑이
'내 영혼의 얼굴' 이라 노래한
담장 옆 샘이
안대眼帶를 풀었다

물 보면 흐르고
별 보면 또렷한
영랑의 영혼의 얼굴을
이제는 볼 수 있다

한때
어둠의 둥지였던
샘이
안대를 풀어
지나가는 사람마다
샘을 거울 삼는다

나는

영랑의 영혼의 얼굴을 만나려
우물을 들여다본다

영랑의
'영혼의 얼굴' 인 샘이
안대眼帶를 풀었다,
뒤늦게

대밭

– 영랑생가

만파식적萬波息笛을 꿈꾸어도 좋을
대밭이
피리가 되어
내 발목을 붙든다

대밭에서
눈을 떼지 못한
내 눈빛이
피리를 내 손에 쥐어 준다

내 입술이 닿은
피리에서
저절로 흘러나오는 건
영랑의 시

동백잎에 머무는 마음,
내 마음을 아실 이
영랑의 시들이

메들리로 흘러나온다

모든 사물들의 영혼이
피리에서
흘러나오는 소리에
귀를 기울인다

만파식적萬波息笛을 꿈꾸어도 괜찮을
반반한 피리인
대밭이
내 발목을 붙든다

대밭 언덕의 동백나무

– 영랑생가

푸른 제복의 대나무들이 일어서면
다들 기죽을 수밖에 없는데
겁 없는 꽃봉오리들이
다들 만삭이다

그 많은 꽃봉오리들을
해와 달, 별빛 말고
누가 또 건드려 배부르게 했는지
궁금하지 않을 수 없다

영랑생가 방문할 때마다
나의 눈빛이 일조한 게 사실이나
나의 눈빛은 건성으로
그냥 지나쳤을 뿐이다

영랑생가 드나든 사람마다
반반한 동백나무에
눈독을 들이니

누가 건드렸는지 뻔하다

성질 급한 직박구리가
주둥이를 처박느라 정신없는,
이미 몸을 푼
꽃봉오리도 있다

푸른 제복의 대나무들이 일어서면
다들 움츠릴 수밖에 없는데
겁 없는 꽃봉오리들이
다들 만삭이다

어진 살구나무

– 영랑생가

보릿고개 넘어야 하는 봄날엔
분홍빛 찰밥을 잔뜩 해
마음대로 퍼 가라
내놓는다

이웃들이
눈빛에 담아가도
양이
줄어들지 않는다

땅속 어딘가에서
누군가가 불을 때
찰밥이
살구나무 솥단지 밖으로 넘친다

저놈의 살구나무는
누굴 닮아
저리 어진가

보릿고개 넘긴 여름날엔
인仁으로 가득 찬
황금빛 열매를 잔뜩 내놓는다

능소화

– 영랑생가

담장 밖에서
집 안을
하염없이 들여다보고 있어야
정상인 것을

세상에
임자 있는
은행나무 수나무를
붙들고 늘어지다니

지가
무슨 재크의 콩나무라고
하늘 높이
올라갈 생각을 하다니

오히려
은행나무를
전망대 삼아

담장 밖을 내다보다니

연리지도 아닌 것이
은행나무 수나무를
붙들고 늘어져
꽃을 피운 것을

모란 옆에서

– 영랑생가

그대가
영랑으로 하여금
삼백예순 날 하냥 섭섭해 울게 한
당사자이지

뭐라고
삼백예순 날이 아니라고

삼백예순 날에서
그대가 필 때까지 기다린 날들과
그대가 피어 있는 날들을
제외하면
삼백예순 날이 한참 못 된다고

'삼백예순 날 하냥 섭섭해 우옵네다' 에서
삼백예순 날은 삭제해야 한다고

퇴고를 하지 않고 내놓아

영랑이
맘에 들어 하지 않은 거라고

앞뒤가 안 맞은
그런 걸
'총체적 진실' 이라며 넘어가는데
꼭 삭제해야 하나

영랑 가신 지
너무 오래되었는데

그대가
영랑으로 하여금
하냥 섭섭해 울게 한
장본인이지

* 「모란이 피기까지는」이라는 시의 탄생에 대하여는 영랑의 삼남 김현철 선생의 『아버지 그립고야』 50쪽에 자세히 나와있다.

탑골 맨 꼭대기 집

은행나무 집이라 하면
감나무와
살구나무가
섭섭해 하겠지

감나무 집이라 하면
은행나무와
살구나무가
섭섭해 하겠지

살구나무 집이라 하면
감나무와
은행나무가
섭섭해 하겠지

대나무와
유자나무와
동백나무는

섭섭해 하지 않겠는가

공평하게
탑골 맨 꼭대기 집이라
불러야
아무도 안 섭섭하지

은행나무 두 그루

– 영랑생가

본채 왼쪽 옆구리에 뿌리 내린
은행나무와
사랑채 앞에 뿌리 내린
은행나무가 파트너여야

사랑채 암나무가
본채 옆구리
연하의 수나무를
농락하다니

아니면
수나무가
연상의 암나무를
선호한 건가

암나무가
수나무가
연상, 연하 가리지 않는 것은

아무리 둘러봐도
같은 족속들이 보이지 않는 탓이여

행여
가까운 곳에
같은 족속들이 있다 할지라도
한눈팔 은행나무들이 아니여

마루 밑 요강 두 개

– 영랑생가

옛날에도 있더니
지금도 있어야

본채 뒤
마루 밑에서
나의 발자국 소리에
숨죽이던
요강 두 개

누가
손댈 줄 알았더니
아무도
손을 안 댔어야

영랑 가족의 것이여,
양병환 목사 가족의 것이여
내가 눈빛을 보내도
대답하지 않던

요강 두 개

그때가
언젠데
나의 발자국 소리를
알아차리다니

대숲에서 이는
바람이 들러
옴팍하니 좋다고
쉬다가
나의 발자국 소리에
긴장하는 것을

나는
더 이상 눈빛을 보내지 않고
모른 척
지나가 줄 수밖에

누구
손을 탈 줄 알았더니
아직까지 안 탔어야

꽃무릇

– 영랑생가 대밭

대밭에
불붙을까
걱정할 필요가 하나도
없다

혼자
타오르고
혼자
사그라지니

초가에
불붙을까
걱정할 필요가 하나도
없다

혼자
타오르고
혼자
사그라지니

마루 밑 다듬잇돌

– 영랑생가

너무 오래됐지

뚝딱뚝딱,
마지막으로
소리를 낸 게
언제이던가

피학성이라 오해 받을 정도로
두드려 맞는 것이
본업인
다듬잇돌

방망이가
얼굴 내밀지 않은 게
언제이더라

다듬잇돌과 방망이 사이
풀 먹은 옷과

풀 먹은 이불 호청이 그리운
다듬잇돌

방망이,
방망이가
얼굴 내밀기를 여태 기다리는
다듬잇돌

뚝딱뚝딱
소리를 낸 게
언제이더라,
마지막으로

헛간

– 영랑생가

헛간이여,
농업박물관이여

콤바인, 트레일러, 경운기,
트랙터
지금 것은 없고
쇠스랑, 괭이, 낫, 호미
옛것은 다 있어야

저것들이
들고 일어나면
뒤로 넘어지지 않을 놈들이
하나도 없지

헛간에
갇혀 있는 것이
지겹다는 표정이구만

자신들의 역할이
연출이라는 걸
알고 있지만
몸을 풀고 싶은 걸

지그도
들판에 나가서
흙의 가슴에
몸뚱이를 들이박고 싶다는 표정이니

농업박물관이여,
헛간이여

동백나무 오형제

– 영랑생가 대밭

독수리 오형제는
애니메이션 주제곡으로
살아남아
내 귓전을 때리지

– 슈파 슈파 슈파
우렁찬 행진 소리 독수리 오형제
쳐부수자 알렉터 우주의 악마를
불새가 되어서 싸우는 우리 형제
태양이 빛나는 지구를 지켜라
정의의 특공대 독수리 오형제
초록빛 대지의 지구를 지켜라
하늘을 날으는 독수리 오형제
우주를 누비는 독수리 오형제

동백나무 오형제는
동백잎에 빛나는 마음으로
살아남아

내 가슴에 흐르지

– 내마음의 어딘듯 한편에 끝없는 강물이 흐르네
도쳐오르는 아침날빛이 뻔질한 은결을 도도네
가슴엔듯 눈엔듯 또 핏줄엔듯
마음이 도른도른 숨어있는 곳
내마음의 어딘듯 한편에 끝없는 강물이 흐르네

* 〈독수리 오형제〉 애니메이션 주제가와 영랑의 시 「동백잎에 빛나는 마음」을 원문대로 실었다.
* 영랑생가 대숲에는 어른 동백나무가 다섯 그루가 있다.

지혜 있는 동백나무

– 영랑생가

대밭
동백나무 오형제 중에
영랑이 목을 매달았던
동백나무는

무용가 지망생은
장손 며느리가 될 수 없다는
부친의 결혼 반대에
영랑이 자살을 시도했다지

최승희만 여자가 아니라며
부친의 뜻을 따르는 것이 효孝라며
영랑을 가르쳐 돌려보낸
지혜 있는 동백나무는

그때 그대로
내버려 두었더라면
모란이 피기까지는,

영랑시집은 이 세상에 태어나지 않았지

모란이 피기까지는
시집만 없는 게 아니라
강진시문학파기념관도
태어나지 않았지

모란이 피기까지는,
물 보면 흐르고 별 보면 또렷한을
내 가슴에 새길 수 있었던 건
동백나무 덕택이여

대밭
동백나무 오형제 중에
영랑을 설득하여 돌려보낸
지혜 있는 동백나무는

* 영랑의 자살설은 『시인 영랑 김윤식 전기』(주전이 저) 110쪽을 참조하였다. 말 그대로 설일 뿐이다.

직박구리 시인

– 영랑생가 대밭 동백나무

동백나무에 앉아서
동백나무의
기둥서방 노릇만 하는 줄 알았는데
영랑시를
방문객에게 들려주는 시낭송가라니

오매 단풍 들것네,
마당 앞 맑은 샘,
모란이 피기까지는,
사개 틀린 마루에 앉아
시비에 시들은 글자 한 획 빠뜨리지 않고
다 머리에 담다니

물 보면 흐르고 별 보면 또렷한
시비 없는 영랑 시들도
거의 다 머리에 담다니

세상에

남의 시만 외우는 줄 알았는데
한수 더 떠
자기 시를 쓰다니

영랑 시
머리에 담다 보니
저절로 시를 쓰게 되었다니

동백나무에 앉아서
세상을 굽어보며
시를 쓰다니

미발표작이어
들려줄 수 없다니

장꽝

– 영랑생가

판도라의 상자도
아닌
옹기의 뚜껑을
자꾸만 열어 보고 싶은 거 있지

저 속에
뭐가 들어 있을까

영랑이 살다가
양병환 목사가
바통을 받아
이제는 연출에 불과할 장독들이지만

자꾸만
옹기의 뚜껑을 하나씩
열어 보고 싶은 거 있지

아무리 연출이어도

남의 집 살림이거늘
옹기의 뚜껑을
열어 보고 싶은 심보는
어디에서 온 걸까

비워 있는 옹기라도
뚜껑을
한 번 열어 보고 싶은 거 있지

* 장꽝 : 장독대의 방언.

안방 부엌

– 영랑생가

풍로는 보이는데
왕겨는
어디 갔나

연출을 하려면
똑바로 할 일이지

채는 두 개나 있는데
소금은
어디 갔나

연출을 하려면
똑바로 할 일이지

다리미는 있는데
숯은 어디 갔나

연출을 하려면
똑바로 할 일이지

제2부

© 윤석달

영랑생가 사랑채

돌담

– 영랑생가

누구와 사랑을 나누기에
낮빛이
저리 밝은가

해와 달, 별빛 그중에서도
햇빛과
남의 이목 두려워하지 않고
사랑을 나누는 것 봐

사랑을 나눌 때는
귀도 멀고
눈도 멀다더니

사랑이 지나쳐 데일까 싶으면
담쟁이가 가려 주니
이보다 좋을 수가

더불어

달빛, 별빛과 사랑을 나누니
낮빛이
저리 밝은가

은행나무

– 영랑생가

황포돛을 내려놓은,
정박 중인
은행나무가
제 몸을 치료하고 있다

가지마다
햇빛들을 불러
어디
상처 난 데가 있으면
핥게 한다

눈에 띄지 않은
상처마저
낱낱이 핥아 주느라
햇빛들은 분주하다

눈을 씻고 봐도
가지에 걸터앉아 한눈파는

햇빛은
하나도 없다

해와 달, 별빛을
교대로 불러
항해 중 생긴 상처를
은행나무가 치료하고 있다

사랑채 앞 배롱나무의 눈빛 전언

– 영랑생가

사랑채에
누가
드나들었는지,
다 알고 있다

춘원도
몽양도
용아도
지용도
드나든 것을

사랑채에서
누가 북 치고
누가 소리한 것을

누가
자세가 반듯하고
누가

자세가 흐트러졌는가를

나만 알고 있는 게 아니라
황포돛대인
은행나무도 알고 있다

담장 밖 돈나무

– 영랑생가

담장 밖으로
이사를 하였는데
慰勞를 해야 하나,
祝賀를 해야 하나

빈손으로 만나기가
거시기한데
무얼 들고 찾아가야 하나

하이타이에
화장지를
들고 가 봐야
아무런 쓸모가 없으니

이사 가겠다고
돈나무가 자원한 건지
아니면
쫓겨난 건지

삶이 뭐냐고
조주가 가르쳐 주지 않아도
담장 밖 돈나무라는 걸
그냥 알겠네

사랑채 주련

– 영랑생가

영랑을
시문학파 주역으로
키운 건
사랑채 주련이구나

林茂鳥知歸,
水深魚自樂,
非貪眼界寬,
直臣心期遠,
執衽采藥決渠灌花

영랑은
시문학파 이전에
두보,
왕유,
사마광을 이미 만난 것을

영랑 시정신의 뿌리가

주련에
숨어 있는 것을

영랑을
키운 건
사랑채 주련이구나

* 林茂鳥知歸(임무조지귀) : 숲이 짙으면 새가 날아든다는 뜻. 〈두보의 시〉
* 水深魚自樂(수심어자락) : 물이 깊으면 고기가 헤엄치기 좋다는 뜻. 〈두보의 시〉
* 非貪眼界寬(비탐안계관) : 탐욕을 버리면 안개가 걷힌다는 뜻. 〈왕유의 시〉
* 直臣心期遠(직신심기원) : 강직한 신하는 마음으로 먼 날을 기약 한다는 뜻. 〈왕유의 시〉
* 執衽采藥決渠灌花(집임채약결거관화) : 옷소매 걷어 올리고 약초를 캐고 개울물 막아 꽃에 물을 준다는 뜻. 〈사마광의 시〉
(영랑의 삼남 김현철 선생과 이준곤 교수께서 뜻풀이에 도움을 주셨다.)

사랑채 유자나무

– 영랑생가

만날 때마다
효가 모든 진리의 근본임을 나에게
눈빛으로 가르쳐 주던
유자나무 어디 갔나

만에 하나 죽었다 하더라도
나무는 죽어도
제자리에 서서 죽는데
이 자리에 서 있어야 할
유자나무 어디 갔나

반중 조홍감이 고와도 보이나다
유자 아니라도 품음직도 하다마는
품어 가 반길 이 없을 새 글로 설워하나이다라는
박인로의 시 조홍시가早紅柿歌에 등장하는
육적회귤陸績懷橘의 고사가 살아 숨쉬는
유자나무

달빛 수장고인
얽었어도 선비의 손에서 논다는
유자를 낳는
유자나무 어디 갔나

* 육적회귤陸績懷橘 : 후한 사람 육적이 여섯 살 때 원술의 집에 가 귤을 받게 되었는데 귤 3개를 가슴에 품었다가 일어설 때 떨어지고 말았다. 어찌 된 일인가 원술이 이유를 묻자 어머니께 가져다 드리려고 했다고 한다. 원술은 어린 육적의 효심에 감탄했다고 한다. 박인로는 돌아가신 부모님께 더 이상 효도할 길이 없음을 서럽다고까지 표현하고 있다. 풍수지탄風樹之嘆을 연상케 하는 노래다.
* 조홍시가早紅柿歌 : 박인로가 한음 이덕형이 접대로 내놓은 감을 보고 육적회귤陸績懷橘의 고사에 비추어 지은 시조이다.

담쟁이

– 영랑생가

돌담과 햇살이
열애하는 것을 못 봐주다니

돌담과 햇살 사이
담쟁이가 파고 들어가
자리를 차지하고 있는 것을

돌담이 햇살에게
햇살이 돌담에게
주고받은 얘기를 다 듣고도
못 들은 척
시치미 떼는 것을

돌담이 더위 먹을까,
돌담이 햇살에 데일까
걱정 되어 가려 준다고
변명을 하는데
내 생각에는 그게 핑계인데

겨울에는
돌담이 한데서 떨지 않도록
햇살을 쪼이도록
물러간다고 하는데
순전히 아전인수여

햇살이 돌담과
열애하는 것을 못 봐주다니,
죽어도

외양간

– 영랑생가 사랑채

나비 한 마리가 허리케인을 일으킨다는
나비효과
다들 들어 모르는 이가 없지
소 한 마리 논밭을 갈아
씨 뿌려 곡식을 수확해
그걸 팔아 영랑을 서울로 학교를 보내고
유학도 시켰지
결국 영랑이 낳은 모든 것은
다 외양간의 소의 덕택인 것을
이게 바로 카우 이펙트라고
나비 한 마리가 허리케인이 되는데
지금은 구시만 외로이
외양간을 지키고 있는
사랑채 외양간의
소 한 마리는 뭐가 되었을까
소 한 마리가
모란이 피기까지가 돼고
내 마음을 아실 이가 돼고

돌담에 속삭이는 햇살같이가 돼고
물 보면 흐르고 별 보면 또렷한이 되었다면
정신이 나갔다고 하겠지
나비효과만 있는 게 아니라
카우 이펙트도 있는 거라고

흑백사진

서울 신당동 자택 가족사진(1949년)

영랑시집 『모란이 피기까지는』을 읽다가
1949년 서울 신당동 자택에서 찍은
영랑의 가족사진을 만났네

영랑의 삼남 김현철 선생의
『아버지 그립고야』에서도 만난 적 있는

사진 속 얼굴들이 누구인가
궁금증을 풀고 넘어가야
속이 시원하기에
삼남 김현철 선생을 붙들고 늘어졌지

키 큰 순서대로
동국대 국문과 재학 중인 장남 현욱은
순천고등학교 국어교사를
경복고 재학 중인 차남 현국은
뉴욕대법원통역관을
경복중 재학 중인 삼남 현철은
미주 한겨레저널 창간 발행인 겸 편집인을
서울중 재학 중인 사남 현태는
단국대 불문과 교수를
초등학생인 오남 현도는
독문학을 전공하여
오스트리아 국립은행 전산부장을 역임하고
미취학인 막내 딸 애란은

영문학 전공 후
평생 어머니 곁에 있었다네

영랑이
러시아露西亞문학을 사랑하여
애로라 이름 지어 준
당시 이화여대 재학 중인
장녀는 출가 후라 모습이 보이지 않네

전후 궁핍 속에서도
자식들 제대로 가르친
영랑의 반신 안귀련 여사가
대단한 분이지

시로 문명을 날린 영랑은
비록 전쟁으로 비운의 주인공이 됐지만
세상에 뿌린 씨앗이
이만한 수확을 거둔 사람이

몇이나 되겠는가

* 애란 : 막내딸 이름 애란은 영랑이 영[英蘭=영국]문학을 사랑한 데서 기인한다.

비탈에 선 감나무

– 영랑생가

1

재앙스럽다

높은 데 올라갔으니
호령도 하고 싶겠다

2

병아릿빛 꽃 진 뒤에
햇빛 수장고인
열매 맺는 것만으로도
무거운 生인 것을

비탈에서
균형까지 잡아야 하니

성가시겠다

제3부

김현철 제공

앞줄 김영랑, 정인보, 변영노 **뒷줄** 이하윤, 박용철, 정지용

시문학파 구단

투수
영랑

포수
용아

1루수
현구

2루수
석정

3루수
지용

유격수
수주

좌익수
연포

중견수
위당

우익수
허보

永郎 金允植

– 물 보면 흐르고 별 보면 또렷한 마음의
어딘가에 강물이 흐르는 분이
다 꺼져 가는
모국어의 불씨 살려내느라
언어의 숫돌에 마음을 갈고 갈았지

– 때론
큰칼 쓰고 옥에 든 춘향이처럼
가슴에 독을 차고
創氏改名, 神社參拜 거부했었지

윗말들은
단 하나도 내 생각이 아닌 것을

남방의 대숲 하늘에서
기러기가 내게 전한 말을
내가 그대로 받아
原文 그대로 번역한 것이지

* 시문학파 인명시는 『강진』이란 시집에 「시문학파」란 시로 9인을 묶어 실었던 것을 개별적으로 재수록하였다.

玄鳩 金玄耈

‘저 혼자 수줍어 十餘年間을
책상 서랍 속에서 먼지 덮인 채 수절하던’ 이라는
머리말(辛巳 二月 五日)로 시작하는 시집을
1970년에야 내다니

龍兒가 몇 년만 더 살았더라면
한국문단의 앞좌석에 자리하였을 텐데

‘한 이파리 꽃잎이 언덕에 고이 져도
누리에 빛나는 설움에 젖어드는’ 현구의 시를
‘남녘 바다의 온화한 해풍이 몰고 오는
미역 내음새 속에 개화하여
동백꽃 그늘에서 치렁치렁 울려오는 七絃琴’ 이라며
석정은 훗날 현구를 기렸지

영랑의 조카뻘인 현구
서문안 말도 탑동 말도 다 강진 말인데
둘은 닮은 것보다는

닮지 않은 것이 왜 그리 많았을까

하지만
눈 밝은 독자들은
눈치챘겠지

현구 속에 영랑 있고
현구 속에 석정 있고
현구 속에 지용 있는 것을

더불어
영랑 속에 현구 있고
석정 속에 현구 있고
지용 속에 현구 있는 것을

夕汀 辛錫正

'신석정' 검색하면
「그 먼 나라를 아십니까」,
「아직은 촛불을 켤 때가 아닙니다」가
내 마음의 모니터에 팝업되지

국어시험 문제 단골이었던
「그 먼 나라를 아십니까」를 클릭하면
시와 함께 하단에
시의 성격, 어조, 표현, 구성, 주제, 배경사상,
그리고 출전 등이 얼굴 내밀지

전원적, 목가적 서정시의
독보적인 존재로 석정은
조선의 타고르로 내 마음에 각인됐지

김기림에 의해
"에덴을 음모하는 목가 시인"이라 불렸던 석정은
「차라리 한 그루 푸른 대竹로」라는 작품을

『文章』誌에 보냈다가
검열에 걸려 원고가 되돌아오자
8·15 해방까지 붓을 꺾었다지

일제 삼십육 년보다
분단의 비극으로 유명세를 톡톡히 치른
석정은 멍에를 지고
다시는 고향에 돌아가지 않았다지

『촛불』, 『슬픈 목가』 등의 산실인
'青丘園' 은
지금도 옛주인만을 고집하는데

爲堂 鄭寅普

三章六句 四十五子,
慈母思 40수로
겨레의 숨결을 지켜 나간 분으로만 알았더니,
그게 아니데

아저씨뻘 되는 정만조鄭萬朝가
일제가 성균관을 개편한 경학원의 대제학이 되어
"동래 정씨에서 대제학이 된 것은 내가 둘째이다."
자랑하고 다닐 때
"나는 그런 대제학 열 개 주어도 안 합니다."
면박을 주었다지.

회절한 최남선의 집에
상복을 입고 찾아가
"내 친구 六堂이 이제 죽었구나!"라며
통곡을 하였다지

하기야

박은식, 신채호, 김규식과 한 몸 되어
동제사同濟社를 조직, 독립운동을 한 분이셨으니

내가 만난 것은
慈母思 40수 이외에
번역시, 「목란시」와 「구가소사명」뿐이니
어찌 그분을 안다 할 수 있으랴

언제나
『담원문록』을 독파할 기회가
나를 찾아올까

樹州 卞營魯

수주는 아는 사람만 알고
모르는 사람은 모르지만
논개는 아는 사람도 알고
모르는 사람도 알지

"거룩한 분노는 종교보다 깊고
불붙는 정렬은 사랑보다 강하다."는
논개를 쓴 사람이 바로
수주 아닌가

조선의 마음을 알고자 하는 사람은
누구보다 먼저
수주를 만나야지

봄비 오는 날
내 마음이 잃은 것 없이
서운한 것은
다 수주 때문이지

『酩酊四十年』은
술꾼들의 애독서,
달빛과 눈만 마주쳐도 취하는
나의 애독서이기도 하지

蓮圃 異河潤

– 이 세상 사람들이 모두 손을 서로 잡을 그때엔
지구를 둘러 우리는 노래하며 춤을 출 거외다

蓮圃가 번역한
Paul Fort의 「圓舞(LA RONDE)」
딱 한 편만 읽어도
그가 이 세상에 무얼 바랐는지
금방 알 수 있으리

잃어버린 무덤,
물레방아,
들국화 세 편만 읽어도
그가 세상을 어떻게 살아왔는지
금방 알 수 있으리

– 외로우나 마음대로 피고 지는 꽃처럼
빛과 향기 조금도 거짓 없길래

들국화,
그중에 딱 한 편만 읽어도
연포의 마음의 빛깔이
어떤 빛깔이었는지
금방 알 수 있으리

龍兒 朴龍喆

– 버리고 가는 이도 못 잊는 마음
쫓겨가는 마음인들 무어 다를 거냐_龍兒

자신보다 벗들을 먼저 빛내준
수학의 천재인 용아는
순문예지인 『시문학』, 『문예월간』, 『문학』, 『극예술』을
낳았지

창작하랴,
번역하랴,
지용, 영랑 시집 낳느라
몸을 아끼지 않았어

산후에
조리를 잘 해야 하거늘
벗들을 위하여 동분서주하느라
몸을 돌보지 않았어

시문학사에
영랑이 맡긴

현구 시집 낳지 못하고
가는 마음 오죽이나 서운했으랴

내 앞가림도
어려운 세상에
벗들의 앞가림 해 주다가
서둘러 세상을 뜨다니

鄭芝溶

– 전설바다에 춤추는 밤물결 같은
검은 귀밑머리 날리는 어린 누이와_芝溶

우리가 거슬러 넘어야 할 산이
여럿 있다면
가장 가까이는 未堂이고
그 너머에는 芝溶이지

박제가 된
천재, 이상을 낳았지

박목월,
박두진,
조지훈 반듯한 자식을 셋이나 더 낳았어

애비를 보면 자식을 안다 해야 맞을까
자식을 보면 애비를 안다 해야 맞을까

모더니스트이자
이미지스트

「鄕愁」 하나만으로도
겨레의 가슴에 큰 획을 그은 것을
모르고
가시다니!

許保

사람이
너무 많은 자취를 남기다 보면
허섭스레기도 남기기 마련이라는 것을
눈치채신 것인가

두산 백과사전에게 물어보니
허보(許保, ?~?)
나고 죽는 날이 둘 다 물음표다

여기저기 수소문 끝에
『詩文學』 3號에서
「검은 밤」과 「잎 떨어진 나무」
오직 두 편의 시를 만날 수밖에

'우리에게 인생에 대한 새로운 해석을 주소서' 라는
「검은 밤」의 마지막 행이
내 귀빰을 때린다

더 이상
뒤를 밟을 수 없는
멋들어진 生이여!

시문학파

만에 하나
순수서정이라는
기표 아래 모였다 하더라도
다 다르지

부동화이가
무엇인지를
확실히 보여주는
시문학파

모란이 피기까지는,
영랑

검정비둘기,
현구

그 먼 나라를 아십니까,
석정

향수,
지용

논개,
수주

자모사,
위당

물레방아,
연포

떠나가는 배,
용아

검은 밤,
허보

사후에도
똘똘 뭉친 것은
대한민국에서
시문학파뿐이여

만에 하나
순수서정이라는
기표 아래 모였다 하더라도
순수서정의 볼모는 아니지

제4부

© 김종식 고니와 죽도

강진

재산이 많은 것도 아닌
권력이 있는 것도 아닌 강진이
언제 어디서나
어깨를 펴고 다니는 것은
반반한 자식들을 두어서이다

영랑생가,
강진시문학파기념관,
보은산방,
사의재,
금곡사,
남미륵사,
무위사,
백운동 별서,
백련사,
청자박물관,
다산초당,
하멜기념관

월출산,
월각산,
주작산,
덕룡산,
보은산,
만덕산,
화방산,
비파산,
천계산,
수인산,
석문

죽섬,
가우도,
비래도,
까막섬

우두봉,
금사봉,
금강천,
탐진강,
구강포

재산이 많은 것도 아닌
권력이 있는 것도 아닌 강진이
누구 앞에서나
어깨를 펴고 다니는 것은
반반한 자식들을 두어서이다

강진에서

한때 내게
신독을
눈빛으로 가르치던
우두봉

이제는
내게
극기복례 하라
눈빛을 보내고

한때 내게
부동화이를
몸짓으로 가르치던
구강포

이제는
내게
거피취차 하라

눈빛을 보내고

* 극기복례克己復禮 : 자신의 욕심을 버리고 사람이 본래 지녀야 할 예의와 법도를 따르는 마음으로 되돌아가라는 뜻.

* 거피취차去彼取此 : '저것을 버리고 이것을 취하라'는 뜻.

달과 기러기 떼

– 강진만에서

끼륵끼륵 끼륵끼륵

저물녘 기러기 떼가
하늘 연병장을 나는데
교관인
달이 지켜보고 있다

어느 놈이
요령을 피워 이탈을 하나

어느 놈이
힘이 파여 낙오를 하나

끼륵끼륵 끼륵끼륵

저물녘 기러기 떼가
하늘 연병장을 나는데
교관인
달이 맘을 놓지 못하고 있다

강진은 동작 하나 빠르다

남도답사 일 번지,
강진은 동작 하나 빠르다

시문학파기념관을
재빨리 챙겨 부렀다

누구는
영랑, 현구가 강진이어
다수결로
시문학파기념관이
강진에 온 것이 당연하다 한다

누구는
시문학
발행인이
편집인이 용아이니
광주가 챙겼어야 맞다 한다

뒤통수를 만지작거리는
광주가
약이 올라 죽을라 한다

병영상인의
본거지,
강진은 동작 하나 빠르다

사의재에게 아학편을 떼야겠다

동문매반가에서
아욱국으로
노규황량사를 맛보고 돌아올 때마다
사의재의 눈치를 보다니

사의재와 눈이 마주칠 때마다
발길이 무거운 것은
아직까지 내가
아학편을 떼지 못하였기 때문이다

사의재가 나를
아학편도 떼지 못한 놈이
아학편도 떼지 못한 놈이 하며
뒤에서 놀리는 것만 같다

동문매반가를 드나들며
노규황량사를 맛보는 놈들 중에
아학편을 떼지 못한 놈이

나뿐만은 아니지만

노규황량사를 맛보고 돌아올 때마다
눈치를 보느니
사의재에게 아학편을 떼야겠다,
과외비 내더라도

보은산방에 기대어

사의재에게 삼근계 받아
백적동에서 청복을 누린
일속산방에게 매달리는 것이
가장 좋은 것이거늘
일속산방 어디론가 증발하고
코빼기도 보이지 않으니

사의재에게
아학편을
떼는 것도 나쁘진 않으나
자꾸 남세스럽다는 생각이 드는 것은
내 나이가 몇인가

주역의 달인인
보은산방에게 매달리다 보면
늙은 나이에 사주라도 볼 수 있겠지
생각이 앞섰다가
생각이 뒤로 물러서는 것은

자신의 운명도 앞가림하기 어려운
일사이적의 보은산방에게
짐을 덜어 주지는 못할망정
짐을 얹으려 하다니

남세스럽더라도
사의재에게
아학편부터 떼어
다시 살아보는 것도 나쁘지 않는데
주역의 달인인 보은산방에 매달릴 생각을
거두지 못하는 것은

우기, 보은산 뻐꾹새

장대비가
잠시
숨 고르는 사이

그새를 못 참은
뻐꾹새가
단가를 뽑는다

부은 목
가라앉히라고

구름이
비를 뿌리는 줄도
모르고

못 말리는
뻐꾹새가
단가를 뽑는다

앞산이
귀를 곤두세운다

저절로,
저절로

자화상

주판을 목숨처럼 여긴 병영상인인 아버지와

일주일 야학으로 한글을 깨우친 어머니가

이 몸을 지상에 방목한 지 육십 년이 되었다

벽시계에 대한 몇 개의 단상
– 마당 좁은 집

1

다들
동그라미만 그리고 있어야

롱 다리로
숏 다리로
롱 다리도 숏 다리도 아닌
다리로

맨날
동그라미만 그리고 있어야

연필도
없이

2

롱 다리는
~~운동을~~
너무 열심히 하여
날씬하고

숏 다리는
~~운동을~~
너무 소홀히 하여
비만이고

롱 다리도 숏 다리도
아닌 다리는
뭐라고
해야 하나

3

롱 다리는
좆 나게 뛰어야 하는
저소득층

숏 다리는
1% 안에 드는
상류층

롱 다리도
숏 다리도 아닌 다리는
중산층

4

모두 다
극우,

보수
꼴통들이여

고정관념의
포로

단 한 차례도
죄를 인정하지 않는

일생
내내

봉함엽서

누이야,
첫기러기가 집배원인
가을 하늘을
편지지 삼는다

끼룩
　끼룩
　　끼룩

마당의 색동옷
네게 헤픈 웃음 보이던 분꽃,
이파리 하나로
네 마음을 다 물들이고도 남던
봉선화,
바닥에서 꽃으로 승부 걸며
키 작은 네게 눈빛을 보내던 채송화가
고개를 쳐들구나

이제는
봉두난발인 빈집,
사립문 여닫는 소리에 움찔하는
다들 끝물인 저들이 네게 주는 안부를
첫기러기 나는
편지지에 받아쓰기가 쉽지 않은데

네게
감꽃 목걸이 걸어 주던 장꽝 옆 감나무,
젖을 다 큰 열매들에게 물린 채
나의 발길 붙들고
네 안부를 묻는구나

끼룩
  끼룩
     끼룩

누이야,

첫기러기가 집배원인
가을 하늘에
옛집 마당 꽃과 나무들의 안부를
가까스로 받아써 놓았다

묵은 눈

햇살이
백련사 대웅보전 기왓골의
묵은 눈 몸뚱이에
나쁘닥을 마냥 비벼대네

잠시 정신을 놓은 묵은 눈이
햇살과 함께
앞마당에 뛰어내리다가
발목을 분질러 비명을 지르네

제철을 만난
동백나무의 꽃망울들이
무슨 일인가
일제히 귀를 곤두세우네

왜 너희들만 왔니

– 강진만에서

강진만 고니 떼여,
다른 동료들은 다 어데 두고
무슨 일로
너희들만 왔니

팔 벌리고 있는 가우도가
죽섬이
이정표 되어
길 잃을 리 없는데

오는 길에
무슨 변고 있었으나
다행히
너희들이라도 온 거니

아니면
의견이 분분하여
강진만에 등 돌린 이들이

딴 데로 간 거니

갈대밭이 증발하여
잠자리가
먹잇감이 시원찮아
새로운 갯벌을 찾아나선 거니

왜 너희들만 왔니
강진만 고니 떼여,
다른 동료들은
다 어데 두고

죽섬

조시그로반의 아름다운 목소리가 흘러나오는
영화 〈일포스티노〉,
이탈리아 나폴리 카프리섬 해변을 걷는
마리오와 함께 출연한 둥근 섬이
다산초당 뵈러 가는 길에
나의 발길을 붙들던
그대와 일란성 쌍둥이라는 생각이
나를 사로잡아 자전거로 달려왔다

그대가
마시모 트로이시가 감독, 주연한 〈일포스티노〉에
출연하러 강진만을 떠난 적이 없기에
이름 모를 그 섬은
분명 그대와 일란성 쌍둥이다

그대가
세상에 태어나자마자 조물주가
그대와 일란성 쌍둥이인 그 섬을

카프리섬 근처에 떼어놓은 것은
함께 있으면 서로 잘났다고
날마다 다투리라
생각해서 그러했을 것이다

몸의 골격이 흡사가 아니라
아주 똑같은데
멀리 떨어져 살았기에
몸에 지닌 것이
몸에 지닌 것이 완전히 달라
사람들이 얼른 눈치채지 못하지만
다 속여도 내 눈은 못 속인다

마리오가
네루다에게 우편물을 배달하러 가는 모습과
강진만 갈대밭을 지나
다산초당에게
세상 소식 전하러 가는 내 모습이

영화감독의 입을 빌리지 않아도 같다

한 가지 아쉬운 것은 배경음악이여
구강포를 찾아온
백조의 몸짓으로 대체하면
더 나으면 나았지
뒤질 게 하나 없고
가우도 출렁다리도 일조한다

가장 큰 문제는
마리오가 루소 베아트리체에게 은유로 다가가듯
내가 은유로 다가갈 여인을 찾아내는 것,
백련사 에스라인 문화해설사가 적임이나
내가 기혼이니
불륜을 저지를 수 없기에
배제해도 된다

다산초당 뵈러갈 때마다

나를 한눈팔게 하던 그대와
조시그로반의 아름다운 목소리가 흘러나오는
영화 〈일포스티노〉,
이탈리아 나폴리 카프리섬 해변을 걷는
마리오와 함께 출연한 둥근 섬이
일란성 쌍둥이라는 생각이
나를 사로잡아 자전거로 달려왔다

가우도는 야간비행을 한다

가우도는 야간비행을 한다

두 날개를 활짝 편 가우도가
허공을 박차고
밤하늘을 난다

강진의 山河는 물론
해남, 완도, 진도
다도해의 섬들을 둘러보고
돌아온다

맘 내키는 날은
구름 너머
달과 별까지 다녀온다

조종사는
가우도 이장

승무원은
가우도 주민들

탑승객은
민박하는 사람들

가우도는 야간비행을 한다,
바다를
활주로 삼아

백련사 주지 스님에게 보내는 편지

까치설날인 섣달그믐 날, 언제든 저의 어리광을 다 받아 주는 백련사에 다녀왔습니다. 올해는 한 차례 그냥 넘어가나 했는데 꿈결에 몸살을 앓는 동백숲의 안부가 그리웠습니다. 부도난 제 삶이 밤봇짐을 쌀 것인가 그대로 버틸 것인가 아니면 아조 작파해 버릴 것인가 망설일 때 동백숲에 몸을 싣곤 하였습니다. 그때마다 제 마음의 반야용선인 동백숲은 묵언 수행 중인 백일홍이 있는 만경루 앞마당까지 저를 데려다 주었습니다. 만경루에 기대어 연꽃 봉오리인 죽섬 가슴에 품고 있는 남쪽 바다 바라보면, 바다는 언제나 제게 그대로 버티라며 제 귓전에 다가와 속삭였습니다. 부도난 삶이 어디 저 혼자뿐이냐며 저를 얼렀다, 꾸짖었다 하였습니다.

일찍 애비 잃은 제게는 기쁨보다는 슬픔이 배는 많았던 소싯적 이따금 만덕리행 완행버스에 몸을 덜컹덜컹 맡겼습니다. 백련사 초입에 내리면 도로를 마당 삼은 놀란 게들이 갯벌로, 산으로 달아났습니다. 엉겁결에 집게발로 바퀴와 맞서다 운명을 달리한 게들이 제 가슴에 상처의 무공훈장을 달아 주었습니다. 저보다 키 큰 갈대들은 갯벌에 폐선 한 척 가리키며 삶이란 누구든 언젠가는 예외없이 발목이 붙들리기 마련이니 너무 슬퍼하지 말고 당당하라, 당당하라 일제히 수화를 보냈습니다. 갈대들의 위로를 뒤로 만날 때마다 얼굴 붉히는 황톳길을 털레털레 걸으면 메밀밭이, 목화밭이 때론 묵정밭이 제게 한눈을 팔았습니다. 한 번은 올망졸망한 새끼들 데리고 나들이 나온 까투리가 하산하는 저와 조우하자 혼비백산! 혹시 이산가족이 되지 않았을까 하는 저의 근심이 덧난 적도 있습니다.

옛날과 달리 어제는 천정이 뻥 뚫린 창백한 동백숲이 삐걱거리며 저를 만경루 앞마당에 내려주었습니다. 만경루에 기대어 남쪽 바다와 눈을 맞추어도, 두 눈을 지그시 감아도 마음은 천파만파! 만경루 앞마당까지 따라온 삐걱 소리는 언제나 제게 그대로 버티라던 바다의 눈빛 전언마저 삼켰습니다. 묵언 수행 중인 백일홍의 표정이 일그러진 것도 처음 일이었습니다. 부도난 삶의

험난한 뱃길을 매번 수월하게 잠재우던 동백숲이 삐걱거리며 속세로 저를 데려다 준 후 지금까지 마음의 멀미가 그치지 않는 것은 무슨 까닭일까요.

백련사를 다녀온 섣달그믐 날 밤, 꿈결에 제 몸을 실은 동백숲의 밑창이 점점 더 심하게 삐걱거리기 시작하였습니다. 동박새들이 반도 채 열리지 않은 어린 꽃봉오리를 단 동백나무 사이 허겁지겁 날아다니며 제게 위태로움을 알려 주었습니다. 하루 빨리 동백숲의 밑창을 수리하여 동백숲이 순항할 수 있도록 주지 스님께 말씀드리라고 성급한 동박새들이 닦달하는 바람에 잠에서 깨었습니다. 부도난 제 삶이 파산의 위기에 처할 때마다 제 몸을 싣고 속세와 피안의 세계를 왕래하던 제 마음의 반야용선인 동백숲을 계속 이대로 방치했다간 언젠가 밑창이 뚫려 가라앉을 것이 뻔합니다. 동백숲에 빚을 진 제 마음이 안절부절못하는 이유를 이제 누구보다 더 잘 아셨을 겁니다. 이 글이 언제든 나의 어리광을 다 받아주는 백련사에게 부리는 저의 마지막 어리광이 되기를 바라며 이만 줄입니다.

추신 : 한때 출가를 꿈꾸었던 제가 만경루에 기대어 가슴에 새겼던 졸시 한 편 동봉합니다.

병술년 정월 초하루

小滿 合掌

戀歌

– 萬景樓에 기대어

님이 도도한 산이라면
나는 한 마리 작은 새
가시나무 숲에서 울다
진하게 울다 죽어
이승에 다시 올 때는
한 차례 소나기

님의 마음 깊은 곳 적신 후
무지개꽃 한 송이 바치오리다

님이 거센 강물이라면
나는 연약한 풀꽃
눈물 젖은 꽃잎으로
님의 손길 따라 흐르다 죽어
이승에 다시 올 때는
한 마리 물새
벌거숭이 강변에 나가
남은 울음마저 태우오리다

* 2연의 '상처의 무공훈장'은 내가 처음 쓴 은유가 아닐지도 모른다.

백련사 명부전 앞마당의 모과나무

가을날
백련사 백일홍에 치인
명부전 앞마당의 모과나무
무슨 생각에 잠겨 있을까

응진전 가는 길목,
죽음의 냄새 물신 풍기는 명부전 안을
콩당콩당 두근거리는 가슴으로 들여다보는
중생들의 뒷모습이나 바라볼까

업경대 앞에서
변명을 일삼는 자들에 식상한 나머지
귀를 틀어막고 정좌하여
하안거를 끝냈을까

한 가지 분명한 것은
봄날 돈오돈수한 동백꽃에 치여
맥 못 쓰던 모과나무가
갖은 불만을 열매 속에 봉하고 있겠지

무문관 일박

감히,
백련사 무문관에 똬리를 틀다니

함께 참선하자 눈빛을 보내는
뭇별들 가까스로 따돌렸다 생각했더니
별 몇 나보다 먼저 들어와
코를 골고 있다

무르익은 봄 더 이상 버티지 못하고
앞서 물러난 동백꽃,
다들 어디 갔나 궁금하더니
벌써 이곳을 다녀갔구나

한입
제 살을 깨물고 싶은 밤,
제 멋대로 무문관을 드나드는
달빛과 소쩍새 울음

요니의 바다,
강진만의 정조대인 죽섬이
내 귓전에 밀물인 듯 다가와
다 부질없다 한다

감히,
무문관에 길 없는 길을 내려하다니

겨울 편지

아우야,
눈발이 날리는 백련사
동백숲에 마음 준 뒤
백련다원에서 솔잎차 마시고 있다

군데군데 떨어져 있는
동백꽃에 달려드는 눈발,
혜가 스님 생각나게 하더라

피고 싶을 때 피고
지고 싶을 때 지고,
지 맘대로 되는 일 아니지

다만 한 가지
동백꽃이 드문드문 얼굴을 내미는 이유는
동박새의 먹이가
동났나 확인하려는 것이다

만경루 앞마당에 내리는 눈발이
앞바다를 지워 서운하다만
고니 떼 날아든 강진만
눈도장 확실히 찍고 왔다

눈발이 구시렁거려도
전혀 대꾸하지 않는 백일홍,
천수관음보살이 따로 없구나

아우야,
몸뚱이가 불만투성이인 동백나무들이
눈발에도 꺼지지 않는
꽃을 피운다는 걸 잊지 말아라

* 백련다원은 지금 '만경다설'로 바뀌었다.

다산초당 가는 길

– 뿌리

큰일이다

짓밟히고 짓밟힌
뿌리의 분노가
極에
달했으니

뿌리의 길
이전의 길도
뿌리를
드러내니

뿌리의 길
이후의 길도
뿌리를
드러내니

큰일이다

스크럼을 짠
뿌리가
다 함께
들고 일어날 수 있으니

* 오르락내리락하는 발길들과 빗물에 대지의 살점이 뜯겨 나간 지 오래이다.

비래도

챙모자인 줄 알았더니

물고기를
잔뜩 삼킨
바다뱀이어야

* 어린왕자의 보아뱀 이야기를 차용한 시이다.

까막섬

그냥 불알이 아니다

퇴산불알이다

그것도
심한
퇴산불알이다

김재석

1955년 전남 강진에서 태어나 1982년 전남대학교 영문과를 졸업하고 2002년 목포대학교 국문과 박사과정을 수료했다. 1990년『세계의문학』에 시로 등단했으며 2008년 유심신인문학상 시조부문(필명 김해인)에 당선했다. 시집으로『까마귀』,『샤롯데모텔에서 달과 자고 싶다』,『기념사진』,『헤밍웨이』,『달에게 보내는 연서』,『목포자연사박물관』,『백련사 앞마당의 백일홍을』,『강진』,『조롱박꽃 핀 동문매반가』,『목포』,『강진시문학파기념관』,『무위사 가는 길』,『그리운 백련사』,『마량미항』, 번역서로『즐거운 생태학 교실』, 시조집으로『내 마음의 적소, 동암』,『이화』,『별들의 사원』,『별들을 호린다고 저 달을 참수하면』,『고장난 뻐꾸기』,『큰개불알풀』,『다산』,『만경루에 기대어』,『구강포』가 있다. 목포 마리아회 고등학교에서 영어교사로 삼십 년간의 교직 생활을 마치고 전업시인으로 활동하고 있다.

e-mail | crow4u@hanmail.net

당당한 영랑생가

초판1쇄 찍은 날 | 2015년 3월 5일
초판1쇄 펴낸 날 | 2015년 3월 9일

지은이 | 김재석
펴낸이 | 송광룡
펴낸곳 | 문학들
등록 | 2005년 8월 24일 제2005 1-2호
주소 | 501-841 광주광역시 동구 천변우로 487(학동) 2층
전화 | 062-651-6968
팩스 | 062-651-9690
전자우편 | munhakdle@hanmail.net

ISBN 978-89-92680-97-4 03810